Verena Friedrich

Der Dom St. Marien zu Erfurt

Katholische Domkirche Beatae Mariae Virginis
ehem. Kollegiatstiftskirche

Bronzetürklopfer am östlichen Triangelportal (Kopie, Original in der Schatzkammer)

Fotografien vo

Kunstverlag Peda - Passau

EINFÜHRUNG

Der Dom St. Marien zu Erfurt ist engstens mit der Missionstätigkeit des heiligen Bischofs und Märtyrers **Bonifatius** sowie seiner Schüler, der heiligen Märtyrer **Adolar** und **Eoban**, verbunden. Nachdem die Anfänge der christlichen Mission von dem Angelsachsen Willibrord nach Thüringen getragen worden waren, führte sein Schüler Winfried - der später Bonifatius genannt wurde und als „Apostel der Deutschen“ bezeichnet wird - das Missionswerk weiter. Im Jahre 724 forderte der Papst die Thüringer auf, für ihren Bischof Bonifatius ein Haus - gemeint war ein Gotteshaus - zu erbauen. Als Bonifatius im gleichen Jahr erstmals in Thüringen weilte, gründete er in Erfurt eine, möglicherweise sogar zwei Kirchen. Nach mehrjähriger Missionstätigkeit in Thüringen bat Bonifatius im Jahre 742 Papst Zacharias, die Errichtung der Bistümer Würzburg, Büraberg (später Fritzlar) und Erfurt zu bestätigen. Die Legende nennt als ersten Bischof von Erfurt Adolar, einen Schüler des heiligen Bonifatius.

Hl. Bischof Adolar am Hochaltar des Domes

Hl. Bonifatius am
Hochaltar des Domes

Wahrscheinlich war jedoch Willibald, der 741 in Sülzenbrücken von Bonifatius geweiht worden war, zunächst zum Bischof von Erfurt bestimmt, denn er wurde erst später als Bischof in Eichstätt eingesetzt. Auf einer Missionsreise nach Friesland wurde Bonifatius am 5. Juni 754 in der Nähe von Dokkum erschlagen. Auch seine insgesamt 52 Gefährten, darunter die Bischöfe Adolar von Erfurt und Eoban von Utrecht, erlitten auf diese Weise den Märtyrertod. Während die Gebeine des heiligen Bonifatius über Utrecht und Mainz nach Fulda überführt wurden, gelangten die **Gebeine Adolars und Eobans nach Erfurt.**
Die offenbar in Vergessenheit geratenen Gräber der Märtyrer kamen im Jahre 1154 während der Arbeiten am Neubau der romanischen Stiftskirche St. Marien zum Vorschein. Die Jahrestage der Auffindung der Gräber - Adolar am 2. April und Eoban am 26. Juli - wurden in Erfurt feierlich begangen. Viele Gläubige kamen seither in die Stiftskirche St. Marien, um an der neu errichteten Grabstätte die beiden Märtyrer um Fürsprache zu bitten.

Geschichte

Die alte Universitätsstadt Erfurt, Landeshauptstadt des Bundeslandes Thüringen, liegt in einer breiten Senke, die von zwei Hügeln - dem Domberg und dem Petersberg - beherrscht wird. Ihre lange Siedlungsgeschichte verdankt die Stadt Erfurt vor allem der geografischen Lage an einer, bzw. mehreren Furten durch die Gera. Die ursprüngliche Bezeichnung des Flusses „*Erph*“, „*Erphesa*“ oder „*Erpha*“ (braunes Wasser), gab dem Ort den Namen. Der Wasserreichtum der Senke, der fruchtbare Lößboden des Umlandes und das milde Klima in der geschützten Lage des Thüringer Beckens ließen bald ein landwirtschaftlich geprägtes Siedlungszentrum entstehen. Darüber hinaus wurde die Entwicklung der Ortschaft durch die Lage an einem Kreuzungspunkt bedeutender Fernhandelsstraßen begünstigt.

Im 6. Jh. war das Siedlungsgebiet einem **thüringischen Königshof** zugehörig, dessen Lage auf dem Petersberg vermutet wird. Nach der Niederlage der Thüringer gegen die Franken im Jahre 531 wurde dieser Königshof wahrscheinlich als fränkischer Verwaltungsstützpunkt genutzt, denn Erfurt gewann zur Zeit der fränkischen Herrschaft für das Siedlungsgebiet der Thüringer eine zentrale Bedeutung. Nicht zuletzt aufgrund der überregionalen Bedeutung der Ortschaft dürfte der heilige Bonifatius auf seiner ersten Missionsreise nach Thüringen, im Jahre 724, in Erfurt Kirchen gegründet haben. In seinem Schreiben an Papst Zacharias aus dem Jahre 742, mit dem er u.a. um die Bestätigung der Errichtung eines neuen Bistums Erfurt bat, charakterisierte Bonifatius den Ort als „*locus qui fuit iam olim urbs paganorum rusticorum*“, einen schon seit langem bestehenden Ort heidnischer Bauern.

Bonifatius selbst erhielt im Jahre 746 vom Papst die Stadt Mainz als bischöflichen Amtssitz zugewiesen. Spätestens nachdem der Missionar im Jahre 754 bei Dokkum von den Friesen erschlagen worden war, erlosch jedoch das Bistum Erfurt und wurde dem Bistum Mainz eingegliedert. Bis zum Jahre 1802 sollte das Erfurter Gebiet zum Mainzer Territorialbesitz gehören. Dennoch blieb **Erfurt der kirchliche Mittelpunkt in Thüringen,** das Marienstift oder Domstift Sitz eines Weihbischofs (16. Jh.) und eines der beiden Erfurter Archidiakone.

Das für die Karolinger als vorgeschobener Stützpunkt an der Ostgrenze des Frankenreiches dienende Erfurt wurde unter den ottonischen Kaisern (Ende 9. Jh. - Anfang 11. Jh.) zu einer Basis königlicher Zentralgewalt. Der Ausbau des Reichskirchensystems unter den Ottonen führte dazu, dass auch die politische Herrschaft über Erfurt und die unmittelbare Verwaltung an das Erzbistum Mainz übergingen. Dies bedeutete gleichzeitig eine kulturelle Anbindung Erfurts und Thüringens an das Rhein-Main-Gebiet. Unter den Mainzer Erzbischöfen, die in Erfurt ihre Münzstätte unterhielten, vollzog sich die Entwicklung zur Stadt, und noch im 11. Jh. errichtete man Befestigungsanlagen um das frühstädtische **Handelszentrum**.
Neben der Erzeugung von Wolle wurden im fruchtbaren Umland Erfurts Hopfen, Getreide und vor allem Waid angebaut. Die Färberpflanze Waid, Träger des blauen Farbstoffes, war nur unter günstigsten Voraussetzungen zu kultivieren, weshalb die Produktion dieses Pflanzenfarbstoffes innerhalb Europas auf nur wenige Anbauzentren beschränkt blieb. Aus diesem Grunde stellten sowohl die Erzeugung als auch der Handel mit dem Waidfarbstoff den bedeutendsten Wirtschaftsfaktor für die aufblühende Stadt dar. Hand in Hand mit dem wirtschaftlichen Erfolg erlangte Erfurt im 13. Jh. die städtische Selbstverwaltung sowie die Ratsherrschaft und bis gegen 1300 weitgehende Autonomie. Schriftlich verankert war diese gegenüber dem erzbischöflichen Landesherrn behauptete Unabhängigkeit in dem 1289 von Erzbischof Gerhard II. von Eppstein erlassenen Statut, der „*Concordata Gerhardi*".

Im 14. Jh. war Erfurt mit über 18.000 Einwohnern die größte und volkreichste Stadt in Thüringen; größer als Leipzig und Augsburg und nur wenig kleiner als Nürnberg, Hamburg oder Lübeck. Mit den freien Reichsstädten Mühlhausen und Nordhausen schlossen die Erfurter einen Städtebund, der bis zum Ende des 15. Jh. bestand. Im Jahre 1331 wurde der Stadt das kaiserliche Messeprivileg verliehen.

Die Stadt besaß mehr als 20 Pfarrkirchen, und darüber hinaus hatte sich dort eine große Zahl von Klöstern und geistlichen Institutionen auf engem Raum niedergelassen. Die zahlreichen Glockentürme trugen der Stadt den Beinamen „*Erfordia turrita*", turmreiches Erfurt, ein. Klöster und Stifte unterhielten bereits seit dem 13. Jh. Schulen und Studienstätten. Gestützt auf ein Privileg Papst Urbans VI. von 1389 konnte im Jahre 1392 eine städtische Universität gegründet werden, die schon bald eine herausragende Stellung im Wissenschaftsleben des deutschen Sprachraums einnahm.

Im Jahre 1430 trat Erfurt dem Goslarer Bund bei, einer Gruppierung innerhalb der Hanse. Dennoch war die Zeit der

Ensemble Dom (links im Bild) und Severikirche (rechts im Bild) von Osten

Selbstbestimmung und wirtschaftlichen Blüte vorüber. Durch die erzbischöfliche Administration in Person des Albrecht von Sachsen kam es im Jahre 1483 zu Einschränkungen der politischen Selbstständigkeit, und mit dem Aufstieg Leipzigs zur Handelsmetropole schwand die wirtschaftliche Bedeutung Erfurts. In der Folge ergaben sich aufgrund der zunehmenden

Verschuldung zwischen dem Rat der Stadt und breiten Schichten der Bevölkerung Zwistigkeiten, die im Jahre 1509, dem so genannten *„Tollen Jahr"*, in einem Aufstand der niederen Bürgerschaft ihren Höhepunkt fanden.
Die **Universität** entwickelte sich am Anfang des 16. Jh. zu einer bedeutenden Stätte des deutschen Humanismus. Sie bereitete den Boden für die im Vergleich zu anderen Städten frühzeitige Einführung der Reformation in den Jahren 1520-1523. Anfangs war den Katholiken die Benutzung der Kirchen untersagt, und der Gottesdienst fand nur in der Kirche des Hospitals statt. Schließlich einigte man sich in der Stadt auf eine paritätische Verteilung der Kirchen für den Gottesdienst. Seit 1528 wurden die Stiftskirche St. Marien, die Augustiner- und die Dominikanerkirche beiden Konfessionen zur Verfügung gestellt. Mit dem Vertrag von Hammelburg im Jahre 1530 wurde diese Verteilung festgeschrieben, wobei die beiden Stiftskirchen St. Marien und St. Severi wieder dem katholischen Ritus zugeführt wurden. Die konfessionelle Teilung der Stadt erstreckte sich auch auf die Universität. Seit dem Jahre 1566 wurde an der Erfurter Universität, als einziger in Deutschland, sowohl katholische als auch evangelische Theologie gelehrt.
Während des 30-jährigen Krieges nutzten die Schweden Erfurt über mehrere Jahre hinweg als Stützpunkt. Nach dem Krieg suchte die Stadt die Herrschaft der Mainzer Erzbischöfe abzuschütteln. Im Jahre 1664 jedoch ließ der Kurfürst und Erzbischof Johann Philipp von Schönborn die Stadt belagern und besetzen. Erfurt wurde kurmainzische Landstadt und verlor damit Unabhängigkeit und Freiheit. Darüber hinaus erlitt die Stadt weitere wirtschaftliche Rückschläge, denn durch die Einführung des Färbemittels Indigo ging auch die Bedeutung des Waidhandels zurück. Mehr und mehr wurden die brachliegenden Anbauflächen für Waid nunmehr durch Gemüseanbau genutzt, wodurch die Grundlage für die spätere Entwicklung Erfurts zur Gartenstadt gelegt wurde. Im 18. Jh. verhalfen die in Erfurt regierenden Statthalter des Erzbischofs von Mainz, Philipp Wilhelm von Boineburg (1702-1717) und Karl Theodor von Dalberg (1772-1802), der Stadt im Sinne eines aufgeklärten Absolutismus zu neuem gemäßigtem Wohlstand und kultureller Blüte.

Nach dem Reichsdeputationshauptschluss des Jahres 1803, der die weltlichen Fürsten für die an Frankreich abgetretenen Gebiete links des Rheines mit Gebieten der aufgehobenen geistlichen Fürstentümer entschädigte, wurde Erfurt unter preußische Landeshoheit gestellt. Auf die Niederlage der preußischen Armee bei Jena und Auerstedt 1806 folgte die Besetzung Erfurts durch napoleonische Truppen. Unter französischer Verwaltung fand in Erfurt im Jahre 1808 eine Versammlung europäischer Fürsten und Monarchen statt. Ziel des „*Erfurter Fürstenkongress*“ war es, unter der Vorherrschaft Frankreichs eine Neuordnung Europas zu schaffen. Erst im Jahre 1814 endete die französische Besatzung; Erfurt wurde von preußischen Truppen eingenommen und befestigt. Im Jahre 1816 wurden der preußische Regierungsbezirk Erfurt gebildet und die Universität geschlossen.
Mit dem Anschluss an das Eisenbahnnetz 1847 und der einsetzenden Industrialisierung entwickelte sich Erfurt zum größten städtischen Zentrum Thüringens. Im Zweiten Weltkrieg erlitt die Stadt nur geringe Schäden. 1952 wurde Erfurt Hauptstadt des gleichnamigen Verwaltungsbezirkes; seit Herbst 1990 ist Erfurt mit ca. 215.000 Einwohnern Landeshauptstadt des Bundeslandes Thüringen. Im Jahre 1994 wurde ein katholisches Bistum Erfurt neu gegründet, in dem heute ca. 200.000 Katholiken leben.

Baugeschichte des Domes

Auf dem Untersberg, einer der beiden markanten hügelartigen Erhebungen in der breiten Flusssenke der Gera, ließ Bonifatius - möglicherweise schon bei seinem ersten Besuch in Erfurt 724 - eine Kirche errichten. Die Gründung eines Marienstifts in Erfurt geht aus einem Bericht seines Schülers, Gregor von Utrecht, hervor. Bei **Ausgrabungen** des Archäologischen Landesamtes Weimar im Jahre 1991 konnten an der Westseite des Langhauses unter anderem Fundamente einer in ca. 3 Metern Tiefe situierten Westapside freigelegt werden. Keramikfunde in diesem Bereich datieren die Fundamente in das 10. bis 9. Jh., wobei eine Entstehung dieses Vorgängerbaues der heutigen Domkirche im 8. Jh. nicht ausgeschlossen werden kann.

Die **erste Kirche** auf dem Domberg bestand demzufolge aus einem Massivbau mit Westapsis. Besetzt wurde diese der Gottesmutter geweihte Kirche mit einem Kollegiatstift, einer Priestergemeinschaft, die aus einer Vereinigung von Weltgeistlichen hervorging. Die Stiftsangehörigen nannten sich Kanoniker oder Chorherren und lebten nach der Aachener Regel, die auf Vorschriften Bischof Chrodegangs von Metz beruhte. Vorsitzender des Kollegiatstifts war jeweils ein Propst, wobei die Erfurter Stiftspröpste regelmäßig aus den Reihen der Mainzer Domherren kamen. Vermutlich wurde das Stift schon durch Bonifatius mit Gütern und Rechten begabt. Für das Jahr 1119 ist das Kollegiatstift erstmals urkundlich bezeugt. Zu dieser Zeit war die Stiftskirche St. Marien die Hauptkirche Erfurts und besaß das alleinige Pfarrrecht.

Baufälligkeit führte im Jahre 1153 zum Einsturz dieser „*major ecclesia*“. Bereits im darauf folgenden Jahr **1154** wurde auf dem Domberg mit der **Errichtung einer romanischen Basilika** begonnen. Schon 1170 konnte der Neubau in Benutzung genommen werden, wenngleich die Weihe des Kirchengebäudes erst am 20. Juni 1182 stattfand. Die Fertigstellung des Südturmes ist für das Jahr 1201, die Vollendung des Nordturmes für das Jahr 1237 verbrieft. Eine in mehreren Quellen erwähnte Weihe des Gotteshauses im Jahre 1253 kann sich nur auf einen größeren Umbau bezogen haben, möglicherweise auf eine Chorerweiterung oder auf eine Einwölbung des Chores. Der spätromanische Bau besaß ein dreischiffiges Langhaus mit breitem ausladendem Querhaus und längsrechteckigem Chor. Dieser war vermutlich mit einem geraden Chorschluss versehen und wurde von Chor-Nebenräumen und Chor-Flankentürmen begleitet. Damit orientierte sich der Bau offensichtlich an dem Vorbild der Erfurter Peterskirche, bei deren Errichtung man den Baugewohnheiten des Schwarzwälder Reformklosters Hirsau gefolgt war.

aten und
er Chor
Dom zu
rt

Die Auffindung der beiden Grabstellen der Märtyrerheiligen Adolar und Eoban im Zuge der Bautätigkeit begünstigte zweifellos einen raschen Fortgang der Arbeiten aufgrund der verstärkten Spendentätigkeit der Erfurter und der die Heiligengräber besuchenden Pilger. Am 22. November 1282 verlieh Erzbischof Werner von Mainz allen Gläubigen seiner Diözese, die zum Bau des Chores Almosen spendeten, einen Ablass.

In den darauf folgenden Jahren wurde der Chor der Stiftskirche St. Marien um einen polygonalen Chorschluss nach Osten erweitert. Diese erste Anbaumaßnahme an das romanische Sanktuarium wurde im Jahre 1290 geweiht. Weitere Baumaßnahmen schlossen sich an. Vor 1307 konnte der dritte, die beiden Chorflankentürme um ein Geschoss überragende Turm fertig gestellt werden, und bereits Anfang des 14. Jh. wurde mit dem Bau der Substruktionen für einen vollständigen Neubau des Chores begonnen. Mittels dieser bis 1329 vollendeten, Kavaten genannten Stützmauern wurde der Baugrund des Hügels künstlich erweitert. Am 13. November 1329 gab Erzbischof Balduin von Trier als Verweser des Erzbistums Mainz dem Dekan und Kapitel von St. Marien in Erfurt die Erlaubnis, aus Anlass der Erweiterung ihrer Kirche und deren Chor drei Altäre zu verlegen. Es handelte sich um den Hochaltar, den Kreuzaltar und den Altar Johannes des Täufers. Von 1329-1337 wurden die westlichen Teile des romanischen Chores sowie das Querhaus erhöht. Um 1330 konnte an der Nordseite des nördlichen Querhauses der gotische Portalvorbau - der Triangel - errichtet werden. Damit war anstelle des alten Haupteingangs in den spätromanischen Dom, der sich an der Ostseite des nördlichen Querhauses befand, ein neuer repräsentativer Zugang geschaffen worden.

Wie einer gotischen Minuskelinschrift über dem südlichen Eingang der Krypta zu entnehmen ist, wurde am 25. März 1349 der Grundstein zum **Neubau des Hohen Chores** gelegt: „*Incepta est hec structura h'chori an*[n]*o d*[omi]*ni m° ccc° xlix° an*[n]*u*[n]*ciac*[i]*o*[n]*is m*[ariae]“ (Das Bauwerk dieses Chores wurde begonnen am Fest Mariä Verkündigung im Jahre des Herrn 1349). Zur Finanzierung des Neubaus gewährte Erzbischof Gerlach von Mainz in einem Kollektenbrief vom 4. Mai 1350 einen Ablass von 40 Tagen. Die Krypta unterhalb des Hohen Chores wurde am 8. Dezember 1353, dem Fest Mariä Empfängnis, durch den Mainzer Weihbischof Albert von Beichlingen geweiht. Das Weihedatum des Hohen Chores ist nicht überliefert. Vollendet wurde der Hohe Chor in den Jahren 1370 bis 1372; dem Nekrologium des Marienstiftes zufolge soll Bischof Friedrich Rudolph von Stolberg den Hohen Chor von St. Marien konsekriert haben.

Über die näheren Umstände, die am 10. November 1416 zum Ausbrennen der drei Türme führten, sind mehrere Berichte überliefert. Die Glöckner der Stiftskirche hatten - wie es in Erfurt der Brauch war - in der St. Martins-Nacht die Glocken geläutet. Dies war offenbar mit erheblichem Alkoholkonsum verbunden gewesen. Unachtsamkeit mit einem Wachslicht führte schließlich zum Entfachen eines schnell lodernden Feuers. Nicht nur die Türme wurden ein Raub der Flammen, auch der Hohe Chor und die Orgel wurden schwer beschädigt, das damals 16 Glocken umfassende Geläut der Stiftskirche vollständig zerstört. Vor allem der Südturm war so stark beschädigt, dass die oberen Geschosse neu errichtet werden mussten. Erst im Jahre 1454 war mit der Vollendung des Mittelturmes der Schaden vollständig beseitigt.

In der Mitte des 15. Jh. trat der schlechte Erhaltungszustand des spätromanischen Langhauses deutlich zutage, so dass man im Jahre 1452 den Einsturz des Gebäudes befürchten musste. Das Stiftskapitel ließ daraufhin im Jahre 1455 den Abbruch des basilikalen Langhauses in Angriff nehmen, an dessen Stelle eine **spätgotische Halle** errichtet wurde. Eine Inschrift in gotischer Minuskel am Strebepfeiler der Nordseite des Langhauses nennt den Tag der Grundsteinlegung: „*Anno d*[omi]*ni m° cccc° l v° in die panthaleonis incepta est hec structu*[r]*a*“ (Im Jahre des Herrn

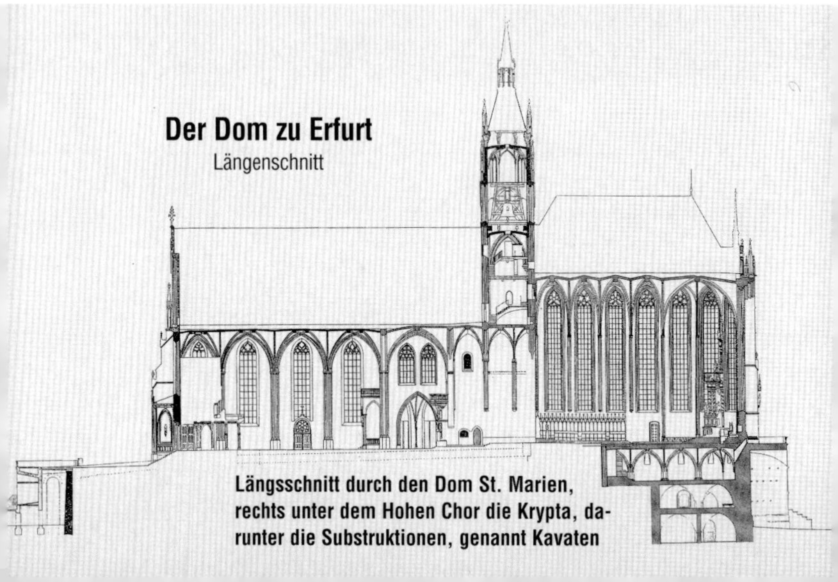

Längsschnitt durch den Dom St. Marien, rechts unter dem Hohen Chor die Krypta, darunter die Substruktionen, genannt Kavaten

1455, dem Tag St. Pantaleons, wurde mit diesem Bauwerk begonnen). Beim Neubau wurden die Fundamente des spätromanischen Mittelschiffes beibehalten, die Seitenschiffe jedoch nach Norden und nach Süden deutlich verbreitert. Eine Erweiterung nach Westen war wegen des dort abfallenden Geländes nicht möglich.
Bereits im Jahre 1465 war das neu erbaute Langhaus benutzbar. Es brach jedoch erneut eine Brandkatastrophe über den Bau herein. Am 9. Juni 1472 wütete in Erfurt ein großer Stadtbrand, der auch auf die beiden Stiftskirchen St. Mariae und St. Severi übergriff. Zur Bereitstellung der Geldmittel für den Wiederaufbau der beiden Kirchen wurden mehrere Ablassbriefe ausgestellt. Der bedeutendste dürfte der von Papst Sixtus IV. am 23. Februar 1473 ausgestellte Indulgenzbrief sein, da er auf Bitten Kaiser Friedrichs III., Erzbischof Adolfs von Mainz und Herzog Wilhelms von Sachsen erwirkt worden war. Der Papst gewährte darin allen denjenigen, die nicht nach Rom pilgern konnten, einen gleichwertigen Ablass, falls sie über den Zeitraum von 20 Tagen hinweg einen Arbeiter zur Wiederherstellung der beiden Stiftskirchen unterhielten.
Im Zusammenhang mit der Einführung der Reformation kam es in Erfurt zu Ausschreitungen. Beim „Pfaffensturm“ im Jahre 1521 wurden die Häuser der Stiftsgeistlichen geplündert. Während des Bauernaufstandes im Jahre 1525 wurde auch der Dom in Mitleidenschaft gezogen. Altäre wurden zerstört und der kostbare Domschatz geraubt. Schließlich veranlasste der Magistrat die Einschmelzung des silbernen Sarkophages der beiden Märtyrer Adolar und Eoban. Aus dem gewonnenen Metall schlug man den so genannten „Sargpfennig“. Unter schwedischer Besatzung wurde das Stift zwischen 1632 und 1635 zeitweilig aufgehoben und der Domschatz erneut geplündert. Das Stift verarmte und der bauliche Zustand des Domes verschlechterte sich zunehmend. Lediglich für die Errichtung eines neuen barocken Hochaltares konnte eine größere Summe aufgebracht werden. Im Jahre 1717 wurden die Turmhelme durch Blitzschlag zerstört. Anstelle der kupfernen Spitzhauben erhielten die Türme nunmehr niedrige Schindeldächer.
Während der französischen Besatzung diente die Stiftskirche als Pferdestall und die Domstufen, die Graden, wurden als Ausbesserungsmaterial für die Festung auf dem Petersberg

abgebrochen. Nach dem Abzug der französischen Truppen begann man mit der Wiederherstellung der Stiftskirche St. Marien. Ein umfangreiches **Restaurierungs- und Umbauprogramm** konnte 1828 in Angriff genommen werden, wobei zahlreiche im neugotischen Stil vorgenommene „Ergänzungen“ und die historische Substanz verfälschende Veränderungen zur Ausführung kamen. Diese schrittweise durchgeführten Baumaßnahmen dauerten bis zum Ende des 19. Jh. an. Im Jahre 1868 begann man mit dem Umbau des spätgotischen Langhausdaches, das ursprünglich im Westen steil abgewalmt war. Das Mittelschiff wurde mit einem neuen Satteldach versehen und nach Westen verlängert. Dadurch ergab sich an der Westseite ein großes Giebelfeld, das mit einem weithin sichtbaren Mosaikbild der Gottesmutter geschmückt wurde. Die Seitenschiffe erhielten über jedem Joch ein separates Satteldach, quer zur Firstlinie der Mittelschiffverdachung.

Im Zweiten Weltkrieg erlitt die St. Marienkirche nur wenige Schäden. Die mittelalterlichen Glasgemälde waren rechtzeitig ausgelagert worden, und so fiel dem Luftdruck der Sprengbomben nur die Verglasung des 19. Jh. zum Opfer. Im Jahre 1968 wurde damit begonnen, die neugotische Dachkonstruktion in ihren ursprünglichen Zustand zurückzuführen. Mit Steinsanierungsarbeiten und der Sicherung der mittelalterlichen Glasmalerei am Hohen Chor begann man im Jahre 1979. Diese Arbeiten dauern bis heute an. Die letzte größere Baumaßnahme im Dominneren war der Einbau einer neuen Orgel an der Westwand durch die Fa. Schuke/Potsdam in den Jahren 1991/92.

Aussenbau

Die ehem. Stiftskirche Beatae Mariae Virginis, heute als Dom St. Marien bezeichnet, erhebt sich auf der südlichen Seite des Domberges. Zusammen mit der Stiftskirche St. Severi bildet der Dom ein städtebaulich einzigartiges Ensemble, das bekrönt wird von den markanten Dreiturmgruppen der beiden Kirchen. Das heutige Erscheinungsbild geht im Wesentlichen auf die Baumaßnahmen des 14. Jh. zurück, als man für die neue Portalanlage die große Treppenanlage, die Graden, errichtete und für Domchor und Domklausur den Hügel nach Osten,

Süden und Westen durch Substruktionen und Unterfütterungen erweiterte. Vor bzw. in diese monumentalen Stützbauten, die Kavaten, waren im Laufe der Zeit mehrere Häuser eingebaut worden, die jedoch im 19. Jh. beseitigt wurden. Auch entlang der Graden erheben sich Stützbauten, die im Norden des Hohen Chores eine Terrasse tragen. An einem der Strebepfeiler ist eine über gewendelte Steintreppen zu erreichende Außenkanzel angebracht. Von den Kavaten aus gelangt man in die zwei Untergeschosse und in die zweischiffige Krypta des Domes. Diese kann im Norden von der Terrasse aus, im Süden über den Umgang um den Hohen Chor durch Spitzbogenportale in der Sockelzone des Hohen Chores erreicht werden. Sowohl der Umgang um den Hohen Chor als auch die beiden Eingänge zur Krypta stehen in Zusammenhang mit liturgischen Handlungen. Für die Heilig-Blut-Prozession ist die Umschreitung des Chores belegt, und auch die Krypta wurde in diesen Prozessionsweg einbezogen.
Über den weiten Bogenstellungen der Substruktion erhebt sich der elegant proportionierte **Chorbau**, dessen weitgehende Durchfensterung den Höhepunkt einer Stilentwicklung markiert, die im 13. Jh. mit dem Bau der Sainte-Chapelle in Paris ihren Anfang genommen hatte. Die Wandfläche ist bis auf die Sockelzone und die Fensterzwickel fast vollständig durch hohe mehrbahnige Maßwerkfenster geöffnet. Die tragende Funktion des Bauwerks ist ausschließlich auf die Strebepfeiler zwischen den Fensterachsen beschränkt. Die Fialen der Strebepfeiler ragen über die Maßwerkbrüstung weit über der Traufe des Chordaches hinaus und betonen auf diese Weise die steilen Proportionen des Bauwerks. Die Heiligenfiguren an den Strebepfeilern des Chores, die auf Konsolen und unter hohen Turmbaldachinen stehen, ersetzen Bildwerke, die während der Reformationszeit zerstört wurden. Sie stammen wohl aus dem 19. Jh. und wurden von verschiedenen Bildhauern zum Teil nach erhaltenen Resten der Originale geschaffen. Gegenüber dem Hohen Chor, seitlich leicht hervortretend, erhebt sich an dessen Westseite das Turmensemble des Domes. Die beiden weitgehend auf den spätromanischen Bau zurückgehenden Flankentürme erheben sich in ihren unteren beiden Geschossen über quadratischem Grundriss. Die drei oberen Stockwerke des Südturmes und die vier Obergeschosse des

nördlichen Turmes haben polygonalen Grundriss. Gegliedert werden die Türme durch Kantenlisenen in Form von gebündelten Rundstäben, durch Rundbogen- und Klötzchenfries, Kleeblattbögen und Wandöffnungen in Form von Biforien (zweifache Bogenstellung). Der reich mit Blendmaßwerk verzierte spätgotische Mittelturm, der sich über dem Vorchor erhebt, hat in seinen beiden oberen Geschossen oktogonalen Grundriss. Bekrönt sind die Türme mit Maßwerkbrüstungen und Fialen sowie spitzen Turmhelmen aus dem 19. Jh.
Nach Westen folgt auf die beiden Türme und den Vorchor der so genannte Chorhals, ein Chorjoch mit zwei flankierenden Nebenräumen, an das sich nach Norden die Sakristei, nach Süden der Kreuzgang des ehem. Kollegiatstifts anschließen. An den Chorhals und die beiden seitlichen ehemaligen Chorkapellen folgt nach Westen das **Querhaus**, an dessen Nordseite sich der **Triangel** (1) mit zwei Portalen erhebt. Bauforschungen ergaben, dass sich der Hauptzugang des romanischen Domes

ick
f die
itze des
angels
ortal-
rbau)
n Dom zu
furt

Ostseite des Triangels am nördlichen Querhaus, im Gewände die 12 Apostel (s. S. 20)

einst an der Ostseite des nördlichen Querarmes befand. Im Zuge der Umbauarbeiten in der ersten Hälfte des 14. Jh. wurde der Hauptzugang zum Dom an die Stirnseite des nördlichen Querarmes verlegt. Durch einen über dem Grundriss eines gleichseitigen Dreiecks errichteten zweigeschossigen Portalvorbau wurde sowohl für Kirchenbesucher von der Stadtseite - von Osten - oder von Westen kommend ein repräsentativer Zugang geschaffen, der darüber hinaus Platz für die Anbringung eines skulpturalen Bildprogrammes bot. Von der Stadt über die Graden zum östlichen Portal des Triangels kommend, wird der Besucher im Gewände der tiefen Portalbucht von einem Figurenzyklus der **12 Apostel** empfangen (Abb. S. 19). Diese stehen in Gewändenischen unter Baldachinen auf hohen, mit Blendmaßwerk verzierten Konsolen. Das vermauerte Bogenfeld über der Türöffnung, das Portaltympanon, trägt eine Kreuzigungsgruppe mit dem Kruzifixus, Maria und dem Apostel Johannes. Auf einem säulenartigen Sockel mit Kapitell vor dem mittleren Türpfeiler befindet sich eine Figur der Kirchenpatronin Maria als Himmelskönigin mit dem Jesuskind. Stilistisch wirken in diesen Figuren Vorbilder der französischen Hochgotik nach, während die Kreuzigungsgruppe den Werken des Meisters am Portal des Naumburger Westlettners verpflichtet ist. Am Portal ist ein Bronzetürklopfer

Die fünf klugen Jungfrauen Gewändefiguren am Westportal des Triangels

in Form eines Löwenkopfes zu sehen (Kopie, Original in der Schatzkammer, Abb. S. 1).

Das Figurenprogramm des westlichen Portals ist thematisch dem Jüngsten Gericht verbunden. Im Portalgewände ist das **Gleichnis von den fünf klugen und fünf törichten Jungfrauen** verbildlicht, einer im Matthäusevangelium (Mt 25, 1-13) geschilderten Parabel (Lehrstück), die als Sinnbild des Weltgerichts gilt. Die fünf klugen Jungfrauen erwarten die Ankunft des Bräutigams mit brennenden Öllampen und versinnbildlichen die für Christus bereiten Menschen. Die fünf törichten Jungfrauen, die kein Öl zum Nachfüllen haben, sind für das Warten auf den Jüngsten Tag nicht gerüstet und stehen für diejenigen, die keine ewige Gemeinschaft mit Gott haben werden. In der Nachfolge des Jungfrauenportals am Magdeburger Dom stehend, bemühte sich der Erfurter Meister um eine differenzierte Abstufung der unterschiedlichen Affekte, wodurch die Erfurter Figuren weitaus gefühlsbetonter gestaltet wurden als das Magdeburger Vorbild. Eine ikonographische, d.h. die Bildbedeutung betreffende Besonderheit ist die Darstellung im Portaltympanon. Gezeigt ist die Kombination einer Fürbittegruppe (Deesis), die den Erlöser zwischen den Fürbitte leistenden, Maria und Johannes dem Täufer, darstellt. Christus ist aber hier zweimal dargestellt. Einmal stehend und auf seine

Die fünf törichten Jungfrauen, Gewändefiguren am Westportal des Triangels

Dom zu Erfurt, Ansicht von Westen

Wundmale verweisend, ein andermal als Gekreuzigter. Neben dem Portalgewände wurden **Figuren der Ecclesia** (links) und der **Synagoge** (rechts) aufgestellt. Während Ecclesia mit den für sie üblichen Attributen Krone, Kelch und Siegesfahne gekennzeichnet ist, wurde die Synagoge nicht wie üblich mit verbundenen Augen und den mosaischen Schrifttafeln dargestellt. Die feindselige Tendenz, mit der man im Mittelalter dem Judentum gegenüberstand, drückt sich bei dieser Darstellung der Synagoge in der starken Bewegung der Figur und dem offenen

Haar aus sowie durch einen Bockskopf, der gemeinhin als Verkörperung schlechter Eigenschaften gilt (Sündenbock). Der zum Themenkreis des Jüngsten Gerichts gehörende Erzengel Michael am Türpfeiler des Portals wurde im 19. Jh. frei ergänzt.

Das Skulpturenprogramm des Triangels wird ergänzt durch die Figuren der Heiligen Adolar, Eoban und Bonifatius am Strebepfeiler der Kante des Portalvorbaus. Unter der Mittelfigur des Bonifatius befindet sich eine vergitterte Nische, die ein viel verehrtes Andachtsbild der Anna Selbdritt birgt. Diese Figur entstand in der 2. Hälfte des 13. Jh. und ist damit die älteste Figur am Portalvorbau.

Die breiten Spitzbögen der beiden gestuften Portaltrichter am Triangel werden jeweils von filigran gearbeiteten Maßwerk-Wimpergen überfangen, die noch über die gesamte Höhe des Obergeschosses hinwegreichen. Strebepfeiler an der Nordkante des Triangels und in den Ecken unterstützen den Höhenzug dieses Vorbaues. Horizontale Gliederungselemente sind zwei Maßwerkbrüstungen am Obergeschoss und über dem Traufgesims. Als eigenständiger Bauteil am Dom besitzt der Triangel eine sechseckige Spitzhaube.

Auf das Querhaus mit dem Portalvorbau folgt das schlichte vierjochige und dreischiffige Langhaus, das durch Strebepfeiler und hohe vierbahnige Maßwerkfenster gegliedert ist. Im dritten nördlichen Langhausjoch ist eine weitere Türe mit einem spätgotischen Kielbogen- oder Eselsrückenportal angebracht.

An die **Westseite** der Domkirche wurde im 19. Jh. eine kleine Portalvorhalle und davor eine reizvoll terrassierte Treppenanlage angebaut. Kleinere Treppen führen auch von der Südseite des Hügels in die Stadt. Fast die gesamte Südseite von Langhaus und Querarm des Mariendomes wird von den um einen Kreuzgang (Abb. S. 24) angelegten Stiftsgebäuden eingenommen, die heute von der Theologischen Fakultät genutzt werden.

INNENRAUM (Abb. S. 32)

Die zahlreichen Um- und Anbauten in der langen Geschichte der ehem. Stiftskirche St. Marien führten zu manchen für mittelalterliche Kirchenbauten untypischen Lösungen, die den außergewöhnlichen Charakter dieses Sakralraumes prägen. Untypisch ist bereits die Eingangssituation an der Nordseite, die auf die besondere topografische Situation der Domkirche zurückzuführen ist. Da man das Mittelschiff des **Langhauses** auf den Fundamenten des Mittelschiffs der romanischen Basilika errichtete, die Seitenschiffe jedoch sowohl nach Norden als auch nach Süden erweiterte, tritt in der Erfurter Marienkirche der seltene Fall auf, dass das Mittelschiff schmaler proportioniert ist als die Seitenschiffe. Über hohen oktogonalen Sockeln aufsteigende, schlanke kantonierte Pfeiler teilen das Langhaus in drei Schiffe, wobei die Pfeilerschäfte durch Kehlungen an den Flächen in ihrer Masse reduziert sind. Die Rundstäbe an den Polygonkanten der Pfeiler enden in einem kleinen Kapitell unterhalb einer gemeinsamen Kämpferplatte. Von hier aus steigen sowohl die breiten Scheidbögen als auch die Rippen von vierteiligen Sterngewölben auf.

Blick in den Kreuzgang von Südwester

Musizierender Engel, Konsolfigur unter Dienstbündeln im Hohen Chor

Verbrüderungsszene (?), Konsolfiguren unter Dienstbündeln im Hohen Chor

Im Scheitel der Rippensterne sind Flechtrippen durch skulptierte und ornamentierte Schlusssteine miteinander verbunden.

Das **Querhaus** tritt im Innenraum nicht als eigenständiger Bauteil auf, sondern ist weitgehend mit dem Hallenlanghaus verschmolzen. Lediglich breite Gurtbögen, ein Mauervorsprung im Süden und eine breite Mauerzunge im Norden machen die Abgrenzung zum Langhaus kenntlich. Darüber hinaus wurde die Heilig-Blut-Kapelle im südlichen Querhausarm durch ein reicheres Sternrippengewölbe hervorgehoben, während die beiden übrigen Joche des Querhauses einfache Kreuzrippengewölbe aufweisen. An der Ostwand des nördlichen Querhausarmes wurden vier überwölbte Altarziborien unter einer gemeinsamen Spitzbogenarkatur vereinigt und darüber eine Galerie mit kanzelartigem Vorbau geschaffen (Abb. S. 33). Sowohl die Maßwerkbrüstung der Galerie als auch das Schleiermaßwerk in den Arkaden sind vermutlich Zutaten des 19. Jh. Ein deutlich schlichteres, überwölbtes Altarziborium erhebt sich im nordwestlichen Seitenschiffjoch des Langhauses an der Mauerzunge des Querhauses.

Die Verbindung zwischen dem Querhaus und dem höher gelegenen Chor führt über einige Stufen in das Joch des Vor-

chores. Zu beiden Seiten dieses Joches befinden sich Kapellenräume, wobei der südliche Raum erst in neuerer Zeit zu Vorchor und Querhaus geöffnet wurde. Weitere Stufen führen in den so genannten Chorhals, den eineinhalbjochigen Bereich unter dem mittleren Turm, zwischen den romanischen Türmen. Schließlich öffnet sich - mit seiner Mittelachse um wenige Grad nach Norden verschoben - der vierjochige **Hohe Chor**. Die Westwand des Chores entspricht der ehemaligen Außenwand der romanischen Türme; Reste der Lisenengliederung und der geschosstrennenden Rundbogenfriese sind noch gut zu erkennen. Der hochgotische Chor schließt im Osten mit polygonalem Schluss in Form von sieben Seiten eines Zehnecks. Wie bereits im Chorhals setzen auf Höhe der Sohlbankgesimse skulptierte Konsolen an (Abb. S. 25), von denen die Dienstbündel der Kreuzrippengewölbe ausgehen. Die Kämpfer der Dienste sind durch Blattkapitelle betont. Bei den Fenstern des um einige Stufen gegenüber dem Chor erhöhten Chorpolygons sind die Dienstbündel bis zum Boden herabgeführt. Die hohen Fenster ragen weit in die Gewölbezone hinein, wodurch die Gewölbekappen außergewöhnlich steil errichtet werden mussten. Die mit mittelalterlichen Glasmalereien versehenen Buntglasfenster beherrschen den Raumeindruck des Hohen Chores und tauchen ihn in ein dämmriges, von Farbakzenten durchflutetes Licht.

Die Glasmalereien im Hohen Chor

Verkleute ei der rbeit, enesis- enster im hor (sII), egen 1370

Im Hohen Chor des Domes hat sich ein umfangreicher Bestand an mittelalterlichen Glasmalereien erhalten. Insgesamt füllen dort 1060 Felder und zahlreiche Maßwerkteile die dreizehn vierbahnigen Fenster. Die Fensteröffnungen nehmen in ihrer Breite von Westen nach Osten gleichmäßig zu. Da im Südwesten des Chores ein Durchgang zu einem Sakristeianbau geplant war, wurden die drei ersten Fenster an der Südseite kürzer angelegt. Zwei der kurzen Fenster erhielten im Jahre 1960 eine moderne Farbverglasung durch den Münchner Glaskünstler Charles Crodel (1884-1973). Crodel zeichnet auch für die neuen Verglasungen im Langhaus - Fenster der Heilig-Blut-Kapelle und je eine Fensteröffnung an der West- und Nordseite - in den Jahren 1960 und 1962 bis 1963 verantwortlich.

895 mittelalterliche Felder und zehn Maßwerke füllen die Bahnen und Spitzbögen der Chorfenster. Neben dem geschlossenen Bestand im Domchor befinden sich noch einige Fragmente von Maßwerkteilen in den Fenstern der Nordsakristei. Weitere Reste werden in verschiedenen Sammlungen außerhalb des Domes aufbewahrt.

Mit Ausnahme der roten Glasstücke, die durch einen Überfang auf einen weißen Glasträger aufgeschmolzen wurden, bestehen alle übrigen Farbgläser aus massiv getöntem Glas. Das zur Bemalung der Scherben benötigte Lot besteht sowohl aus Kupferoxyd (grün-schwarz) als auch aus Eisenoxyd (braun). Die sämtlichen Fenstern zugrunde liegende Farbkomposition setzt sich aus den Tönen Rot, Grün und Gelb zusammen. Dazu treten verschiedene Blautöne, Hell- und Dunkelviolett sowie unterschiedliche Brauntöne. Akzente werden durch weiße Glasscherben gesetzt.

Die zumeist szenischen Darstellungen auf den Glasgemälden sind in jedem der Fenster vor gemustertem Hintergrund in ein kompliziert verschachteltes Architekturgerüst eingesetzt. Der besondere Reiz der Glasmalereien im Erfurter Chor liegt nicht zuletzt darin begründet, dass sie nicht - wie vielfach üblich - mehrfach verändert zusammengesetzt wurden. Die einzelnen Darstellungen befinden sich auch heute noch an dem ursprünglich für sie vorgesehenen Platz. Ein wohl überlegtes Bildprogramm lag den bildlichen Darstellungen zugrunde. Auf der Ostseite enthält das Fenster sII die Schöpfungsgeschichte

Josephfenster im Hohen Chor (sV), nach 1370 bis um 1375

vom Engelsturz bis zum Turmbau zu Babel. Die Reihe setzt sich in den Fenstern **sIII-sIV** mit Berichten aus dem Leben der Patriarchen Abraham (**sIII**), Isaak und Jakob (**sIV**) fort. Den Abschluss bilden die Geschehnisse um Joseph, dessen Legende

Dem Jäger Placidius (später Eustachius) erscheint im Geweih eines Hirsches der gekreuzigte Christus. Darstellung im Eustachiusfenster des Hohen Chores (nVI)

einen breiten Raum einnimmt. Sie beginnt schon im Fenster **sIV** und beansprucht noch die ganze Verglasung von **sV**. Damit werden die Erzählungen von Genesis 1-50 in ausführlicher Schilderung wiedergegeben.

Das Chorscheitelfenster (**I**) ist nur noch in Resten erhalten. Es ist der Jungfrau Maria gewidmet und enthält Szenen aus dem Leben der Gottesmutter und der Jugend Christi. Diese vermittelten zu den Passionsdarstellungen des Fensters **nII**, wodurch das christologische Programm vervollständigt war. Die Reihe wird im Fenster **nIII** durch eine Apostelfolge fortgesetzt. Diese im Chorhaupt und auf den ersten Fenstern der Nordseite dargestellten Themen waren im 15. Jh. der Kern derjenigen Bildfolgen, mit denen der göttliche Heilsplan verbildlicht wurde. Szenen aus dem Alten und aus dem Neuen Testament stehen sich auf der Süd- und Nordseite des Chores gegenüber. Auffällig ist jedoch, dass man hierbei von der üblichen Seitenzuordnung abwich, denn die dem Licht zugewandte Seite im Süden war - wie viele Beispiele belegen - dem Neuen Testament, die dem Licht abgewandte Seite im Norden dem Alten Bund vorbehalten. Die Verbindung zwischen Altem und Neuem Bund stellt in logischer Folge die Achse mit den Marienszenen dar, die mit der Verkündigung und Geburt des Erlösers im heilsgeschichtlichen Zusammenhang eine Wende

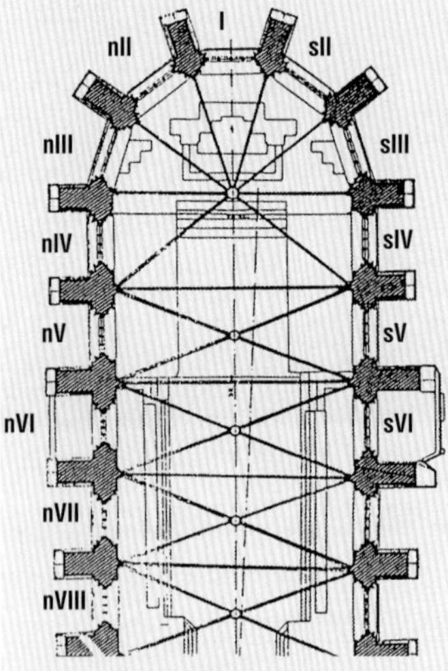

Grundriss des Chorraums mit der Lage der Glasfenster

I - Marienfenster

sII - Genesisfenster: Dargestellt sind die Schöpfungsgeschichte und Szenen aus dem Leben von Adam und Eva, Kain und Abel, die Tötung Kains durch den blinden Jäger Lamech (nach der apokryphen Legende von Lamech und Tubalkain aus dem Evangelium des Nikodemus), die Geschichte Noahs und der Turmbau zu Babel; gegen 1370.

sIII - Abrahamfenster: Gezeigt ist die Geschichte des Abraham, des Lot sowie der Geburt und Opferung Isaaks; um 1370.

sIV - Jakobfenster: Hier sind Szenen aus dem Leben Jakobs verbildlicht und ein Teil der Geschichte des Joseph; nach 1370 bis gegen 1375.

sV - Josephfenster: Fortsetzung der Josephsgeschichte mit dem Traum des Pharao, Josephs Traumdeutung und Erhöhung zum Verwalter der Kornmagazine Ägyptens. Schließlich Joseph und seine Brüder; nach 1370 bis um 1375.

sVI - Tiefengrubenfenster: Benannt nach seinem Stifter, dem Vikar Tiefengruben. Zwei Reihen großer Heiligenfiguren werden durch die Darstellung des Stifters mit dem Schmerzensmann und Maria sowie durch eine groß angelegte Marienkrönung eingefasst; nach 1403 bis etwa 1405.

markieren. Typologische Gesichtspunkte - die Darstellung der Vorbildwirkung des Alten Testamentes bezüglich neutestamentlicher Inhalte - waren für die Anordnung der Themen nicht maßgebend.

Die Fenster **nIV-nVII** auf der Nordseite sind außerbiblischen Heiligenlegenden gewidmet (Apostelmartyrien in **nIV**, die Katharinenlegende in **nV**, die Legende vom heiligen Eustachius in **nVI** und die Szenen aus dem Leben des heiligen Bonifatius in **nVII**). Das Fenster **nVIII** enthält Darstellungen aus der Legende des Heiligen Kreuzes, wobei der Kreuzauffindung durch die heilige Kaiserin Helena viel Platz eingeräumt wurde. Das Fenster **sVI** ist mit Darstellungen von Heiligen versehen.

Die Glasfenster entstanden zwischen dem späten 14. und dem frühen 15. Jh. und sind in drei verschiedene Stilgruppen einzuordnen. Die **kleinfigurige Gruppe** (sII-sV, nIV-nVI) umfasst

nII - Passionsfenster: Passionszyklus vom Einzug Christi in Jerusalem bis zur Auferstehung; nach 1370.

nIII - Apostelfenster: nach 1390 bis gegen 1400.

nIV - Apostelmartyrienfenster: Im unteren Bildstreifen sind die vier Evangelisten dargestellt; nach 1370 bis gegen 1375.

nV - Katharinenfenster: 1375 bis gegen 1380.

nVI - Eustachiusfenster: Die ausführliche Darstellung der Eustachiuslegende scheint im deutschen Bereich gegen Ende des 14. Jh. einmalig zu sein. Ähnlich umfangreiche Eustachius-Zyklen innerhalb der Glasmalerei sind nur in Frankreich erhalten. Im Dom gab es jedoch einen Eustachiusaltar, der in den Jahren 1354 bis 1399 mehrfach Zuwendungen erhielt; 1375 bis gegen 1380.

nVII - Bonifatiusfenster: Dargestellt sind sechs Szenen aus dem Leben des heiligen Bonifatius. Diese umfassen vom Jahre 716 bis zu seinem Tode im Jahre 754 in chronologischer Reihenfolge wichtige Ereignisse, die mit seiner Missionstätigkeit in Thüringen, Hessen und Friesland in Verbindung stehen. Die Weihe eines Gotteshauses durch den heiligen Bonifatius wird auf die Weihe des Erfurter Domes bezogen. Offenbar wurde mit diesem Glasfenster die Legende des heiligen Bonifatius erstmalig in den wichtigsten Stationen seines Lebens auf monumentale Art formuliert; um 1410 und nach 1416.

nVIII - Heilig-Kreuz-Fenster: Die Wahl dieser Thematik geht sicherlich auf die besondere Verehrung des Heiligen Kreuzes im Dom zurück. Sie ist durch die Stiftung von Altären und von Messen an den entsprechenden Festtagen bezeugt. Höhepunkt der Darstellung ist die Auffindung der drei Golgatha-Kreuze durch die Kaiserin Helena und die so genannte Kreuzesprobe; um 1410 und nach 1416.

acht Fenster. Charakteristisch sind der fensterfüllende Architekturaufbau und die kleinfigurigen Szenen. Datiert werden diese Fenster in die Zeit gegen 1370-1380. Die **Einzelfigurengruppe** umfasst nur die Fenster I und nIII und wird in den Zeitraum zwischen 1390-1400 eingeordnet. Die großfigurige Gruppe datiert aus der Zeit nach 1403 - nach 1416. Zu ihr gehören die Fenster sVI (nach 1403-1405), nVII und nVIII (um 1410 und nach 1416).

Ausstattung im Chor

Die außerordentliche Bedeutung der mittelalterlichen Glasfenster im Chor wurde wohl auch im Zeitalter des Barock gewürdigt. Der Erbauer des **Hochaltars** (2), Johann Andreas Gröber aus Heiligenstadt, war offensichtlich bemüht, einen möglichst großen Anteil der Farbverglasung hinter dem Altar sichtbar zu lassen. Trotz seiner Mächtigkeit beschränken sich die massiven Teile auf die Mittelachse; allein die Glasmalereien im Scheitelfenster wurden von dem neuen Altarbau zum großen Teil verdeckt. Die außerordentliche Breite des Altares gestattet in den Säulenzwischenräumen den Blick auf große Partien der Chorfenster. Der Hochaltar ist durch eine Inschrift in das Jahr 1697 datiert und weist stilistisch in den westfälischen Raum. Farbig gefasst wurde das monumentale Säulen-Ädikula-Retabel erst im Jahre 1706. Über einer hohen Sockelzone mit seitlichen Durchgängen erhebt sich ein zweigeschossiger Aufbau, eine prächtige Schauwand mit gedrehten und von Fruchtgirlanden umwundenen Säulen. In seiner figuralen Ausstattung nimmt der Altar unmittelbar Bezug auf die besondere Stellung der Erfurter Kirche im Hinblick auf die Erzdiözese Mainz. Auf den hohen Postamenten stehen außen die beiden Apostel Petrus und Paulus. Ihnen zur Seite gestellt wurden der heilige Bonifatius, Bischof von Mainz und Gründer des ehem. Bistums Erfurt, sowie der heilige Martin, Patron des Erzbistums Mainz. Weiter zur Mitte hin gerückt stehen die beiden Märtyrer Adolar und Eoban. Der Kirchenpatronin ist mit einem mariologischen Gemäldezyklus die Mittelachse des Altares gewidmet. Das große Altargemälde im ersten Altargeschoss mit der Anbetung durch die Heiligen Drei Könige schuf der Erfurter Maler Jakob Samuel Beck nach dem Vorbild

Blick auf de barocke Hochalta und di mittelalter lichen Glas malereie der Fenste im Hohe Cho

Anbetung durch die Hl. Drei Könige, Hochaltargemälde von Jakob Samuel Beck, Mitte 18. Jh.

Tafel gemäld mit de Kreuzigun Christi a der Nord wand de Hohe Chors 1480-149 (s. S. 38

eines Gemäldes von Peter Paul Rubens. Es gehört zu einer Reihe von vier Gemälden, von denen Samuel Beck und Tobias Jacob Hildebrand jeweils zwei für den Hochaltar schufen, und die dem Verlauf des Kirchenjahres entsprechend ausgetauscht werden können. Die Figuren auf den Postamenten über dem Gebälk stellen die vier Evangelisten dar. Das im oberen Geschoss des Altares von einer Säulenädikula gerahmte Altargemälde wurde erst im Jahre 1950 durch Robert Sandrock geschaffen. Es zeigt die Gottesmutter als Schutzmantelmadonna. Der Altarauszug mit einem ovalen Gemälde, das die

i:n:r:i

Verkündigung an Maria verbildlicht, wird von den Erzengeln Michael und Raphael flankiert. Auf den gesprengten Giebeln der Säulenädikula stehen die großen Figuren von Johannes dem Täufer, dem Künder von der Ankunft des Messias, und Johannes dem Evangelisten, dem Künder von der Wiederkunft Christi am Jüngsten Tag.

An der Nordwand des Hohen Chores hängt ein um 1480-1490 geschaffenes **Tafelgemälde mit der Kreuzigung Christi** (3). Das großformatige Gemälde zeigt Christus am Kreuz zwischen Maria und Johannes dem Evangelisten (Abb. S. 37). Am vorderen Bildrand kniet unter dem Kreuz der Stifter des Gemäldes. Seine Bitte ist durch ein Spruchband kenntlich gemacht „*Miserere mei deus amen*“ (Gott erbarme Dich meiner Amen). Im Hintergrund schuf der Maler eine Stadtvedute Jerusalems. Stilistisch wird zwischen diesem qualitätvollen Gemälde und dem Flügelaltar der Predigerkirche in Erfurt von Linhart Koenbergk ein Zusammenhang gesehen.

Das **mittelalterliche Chorgestühl** (4) aus der Zeit zwischen 1360-1370 hingegen gehört noch zur originalen Raumausstattung des Hohen Chores. Das aus Eichenholz geschnitzte Gestühl mit seinen 89 Sitzen ist entlang der Chorseitenwände in zwei hintereinander liegende Reihen aufgeteilt. An der Westwand befindet sich nur eine Sitzreihe. Das Erfurter Chorgestühl gehört zu den umfangreichsten seiner Art in Deutschland. Die Sitze, die sog. Stallen, sind durch Gestühlswangen voneinander getrennt, auf denen 50 vollplastische Frauen-

Geschnitztes Chorgestühl aus der Zeit um 1360, Detail

Östliche Abschluss de Chorgestühl an der Süd wand Schnitzreli mit de hl. Christ phoru

figuren sitzen (36 im 19. Jh. ergänzt). Seitlich werden die Stallen von reich verzierten Abschlusswangen begrenzt. Die Rückwand der hinteren Sitzreihe, das Dorsale, ist von einem Baldachinaufbau bekrönt (1900 bereichernd ergänzt). Während an den Abschlusswangen zumeist biblische oder symbolhafte Darstellungen angebracht wurden, fanden auch Szenen des täglichen Lebens sowie Drolerien und Grotesken ihren Platz in den Gestühlen. Offenbar hatte man jedoch in Erfurt auf die Anbringung von Misericordien, Stützkonsolen unter den Sitzen, verzichtet, so dass derartige Darstellungen an den Zwischenbacken, Handknäufen und Dorsalwänden Platz fanden. Die Flächen der beiden großen Westwangen wurden durch einen regelmäßig rankenden Weinstock, das Symbol Christi, in kleinere Bildfelder gegliedert. Auf der Ostwange der nördlichen Gestühlsreihe ist der erhängte Judas gezeigt, auf der Ostwange der südlichen Gestühlsreihe der heilige Christophorus mit dem Jesusknaben. Als ikonographische Besonderheit kann bei dieser Darstellung bemerkt werden, dass Christophorus das Böse in Gestalt von Basilisk und Aspis mit Füßen tritt.

Südlich des Hochaltares befindet sich die **Kathedra** des Bischofs von Erfurt (5), die vermutlich um 1830 unter Verwendung originaler Gestühlswangen aus dem 14. Jh. rekonstruiert wurde. Ein **schmiedeeisernes** Gitter aus dem 16. Jh. trennt den Chor vom Langhaus. An der Nordwand des Chorhalses befindet sich u.a. eine geschnitzte **Darstellung des heiligen Bonifatius** (6) aus der Zeit um 1480.

Relieffigur des hl. Bonifatius an der Nordwand des Chorhalses, um 1480

Der Heilige ist mit dem Bischofsstab in der rechten und einem Schwert mit durchstochenem Buch in der linken Hand gezeigt. Dieses Attribut geht auf die Geschichte des Martyriums des Heiligen zurück. Als Bonifatius am Fluss Borne bei Dokkum von den Friesen überfallen wurde, wehrte er einen ersten tödlichen Schwertstreich ab, indem er ein Buch über seinen Kopf hielt. Nach der Überlieferung handelte es sich bei diesem Buch um den sog. Ragyndrudis-Codex, der sich jetzt im Fuldaer Domschatz befindet. Diesen soll der heilige Bonifatius auf seinen Missionsreisen stets mitgeführt haben.

Ausstattung im Langhaus

Von den Ausstattungsstücken des romanischen Domes sind u.a. der große Bronzeleuchter, der sog. Wolfram, und die **romanische Nischenfigur einer thronenden Madonna mit Kind** (Sedes Sapientiae) sowie einer zugehörigen Bogenrahmung erhalten (7). Die Nischenfigur aus Stuck fand in neuerer Zeit an der Ostwand des Nebenraumes südlich des Chorhalses Aufstellung. Bis zum Beginn unseres Jahrhunderts befand sie sich in einer Kapelle im ersten Obergeschoss des Nordturmes. Dort sind auch Teile des ursprünglichen Altares zu sehen sowie Reste eines romanischen Stuckestrichs, der drei

Romanische Muttergottes mit bogenförmigem Stuckrelief als Nischenrahmung, um 1160

Medaillondarstellungen mit Tugendallegorien aufweist. Am Nischengrund des ursprünglichen Aufstellungsortes befand sich in Höhe des Kopfes der Muttergottes eine runde Öffnung, so dass bei direkter Sonneneinstrahlung am Morgen diese Öffnung der Figur einen natürlichen Nimbus verlieh. Belegt ist, dass die romanische Madonna ein viel verehrtes Ziel von Pilgern gewesen war. Streng frontal ausgerichtet thront die Gottesmutter auf einem Pfostenthron. Den Jesusknaben hält sie vor ihrer Körpermitte. Die romanische Madonna trägt eine Krone, und ihre zu Zöpfen geflochtenen Haare fallen auf ihre Schultern. Reste der Farbfassung sind erhalten. Die Vertiefungen am Thron und an der Krone waren einst mit Glasfluss ausgelegt. Der Figurenstil der Muttergottes weist sie in die Zeit um 1160. Auch die gleichfalls aus Stuck gearbeitete, tympanonartige Bogenrahmung gehört in diese Zeit. Dargestellt ist im Scheitel des Bogens Christus Salvator, der das Evangelium emporhaltend aus einer Wolke herausragt. Seitlich stehen zwei heilige Bischöfe, in denen vermutlich die Märtyrer Adolar und Eoban zu sehen sind. Adolar galt als der 1. Bischof von Erfurt und Eoban als der 1. Bischof von Utrecht. Beide starben mit Bonifatius in Dokkum und sind seit 756 im Dom bestattet (Krypta). Die auf dem Bogenfeld verteilten Sterne symbolisieren wohl das Paradies. Zu Füßen der beiden Bischöfe sind links und rechts jeweils vier Heilige dargestellt, die zum Zeichen ihres Martyriums Palmwedel in den Händen halten.

Innen rahmt ein Kugelfries die Nischenöffnung, außen wird das Bogenfeld von einer geflochtenen Ranke eingefasst.

Kopf des so genannten Wolfram, romanische Leuchterfigur aus Bronze, um 1160

Im südlichen Querhaus, der Heilig-Blut-Kapelle, fand die **Leuchterfigur des so genannten Wolfram** (8) Aufstellung. Es handelt sich hierbei um eine der ersten rundplastischen Freifiguren auf deutschem Boden (s. Umschlagrückseite). Stilistisch weist die Figurenbildung des Wolfram auf die Magdeburger Gießhütte und auf eine Entstehungszeit um 1160 hin. Die ca. 1,50 m große hohle Bronzestatue zeigt einen bärtigen Mann mit seitlich erhobenen Armen. Bekleidet ist die Figur mit einem langen gegürteten Gewand. Links am Gürtel hängt ein Futteral für Schreibutensilien und ein Federmesser. Die Gürtelenden tragen die ziselierte Inschrift „*Wolframu*[s]*/hiltiburc/ora p*[ro] *nobis sancta dei genetrix/ut digni efficiamus gratia dei*“. Darin werden das Stifterpaar Wolfram und Hildburg genannt, verbunden mit einem Fürbittgebet an die Gottesmutter. Der Sockel wird getragen von drachenartigen Wesen, auf deren Rücken Äffchen reiten, die einen Apfel verspeisen, sowie ein Mensch mit Keule und zwei Katzen.

Schräg vor dem so genannten Wolfram hängt eine romanische Bronze-Lampe, die in jüngerer Zeit als **Sabbat-Ampel** (9) identifiziert werden konnte. Mit ihrer vermuteten Entstehungszeit in der ersten Hälfte des 13. Jh. zählt sie zu den ältesten Stücken ihrer Art. Der Ölbehälter der Lampe ist sternförmig, wobei in jede der zwölf Spitzen ein Docht eingelegt wurde. Durch Ketten ist der Ölbehälter mit einem hohen zylindrischen Schaft verbunden, der sich nach oben konisch verjüngt. Den in sechs Register unterteilten Schaft schmücken Reliefs,

Sakraments-
haus an der
Ostwand des
südl. Quer-
schiffarmes,
um 1580,
davor die
romanische
Sabbat-
Ampel,
1. Hälfte
13. Jh.

die Szenen aus dem Alten Testament, Pflanzenornament und Löwenköpfe zeigen.
An der Ostwand des südlichen Querhauses befindet sich ein in den Jahren 1580-1590 aus Sandstein gearbeitetes **Sakramentshaus** (10). Mit seiner geschweiften Stufenanlage erinnert die Umrissform an einen Deckelpokal, ein Ziborium. Das reiche Bildprogramm in Form von Einzelfiguren und kleinfigurigen Szenen stellt die sieben Sakramente dar. Am Sockel ist die Taufe Christi zu sehen, flankiert von Reliefdarstellungen einer Kindstaufe und dem Zug der Kinder Israels durch das Rote

Heiliges Grab an der Südwand der Heilig-Blut-Kapelle (südl. Querhausarm), 1450-1460

Meer. Darüber sind zwei Szenen den Sakramenten der Firmung und der Buße gewidmet. An den Flanken neben der Tür zum Tabernakel sind das Sakrament der Ehe durch die Übergabe der Eva an Adam und das Sakrament der Priesterweihe dargestellt. Im Auszug ist im Zentrum die Einsetzung des Abendmahls durch Christus, das Sakrament der Eucharistie, verbildlicht; darüber das Sakrament der Krankensalbung und als Bekrönung der auferstandene Christus. Der Bildhauer dieses manieristischen Aufbaus konnte bisher nicht identifiziert werden, wenngleich eindeutige Parallelen zu den Werken Hans Fridemans d.Ä. erkennbar sind.

An der Südwand der Heilig-Blut-Kapelle befindet sich die seltene Darstellung des **Heiligen Grabes** (11). Der aus Holz geschnitzte Christus liegt in einer vielfigurig bemalten Truhe. Am Truhencorpus sind die schlafenden Grabwächter dargestellt, an der Innenseite des geöffneten Deckels die trauernden Maria und Johannes der Evangelist in der Mitte, die drei Marien mit ihren Salbgefäßen, eine weitere Frau sowie Nikodemus und Joseph von Arimathäa. Dieses Heilige Grab, vom Typus eines Grabschreines, stammt aus der Zeit um 1450-1460. An der Südwand des Langhauses ist mit der **monumentalen Darstellung des heiligen Christophorus** (12) ein Wandgemälde aus dem Ende des 15. Jh. erhalten. Der Stifterinschrift ist zu entnehmen, dass Dechant Markus Decker

Monumentales Wandgemälde mit der Darstellung des hl. Christophorus, 1499

im Jahre 1499 dieses Werk in Auftrag gegeben hat. Die Größe des Gemäldes hängt mit der im Mittelalter verbreiteten Anschauung zusammen, dass ein Blick auf den heiligen Christophorus an diesem Tag vor einem plötzlichen, d.h. unbußfertigen, Tode bewahrt.

Von den über 250 **Grabplatten** vornehmer Bürger, erzbischöflicher Beamter und Stiftskleriker aus dem 15. bis 18. Jh., die einst fast den gesamten Kirchenboden bedeckten, wurden einige im

19. Jh. an den Wänden des Langhauses und des Kreuzganges aufgerichtet. An der südlichen Langhauswand befinden sich einige der bedeutendsten Werke. Das älteste Grabmal aus dem 3. Viertel des 13. Jh. wurde allerdings erst nach 1813 aus der ehem. Peterskirche in den Dom überführt. Es handelt sich dabei um den **Deckel einer Grabtumba für einen Grafen von Gleichen** (13). Der Graf ist mit Wappenschild gezeigt, zu beiden Seiten steht jeweils eine Frau. Stilistisch sind die Dargestellten von den Stifterfiguren im Naumburger Dom beeinflusst. Bei dem Grafen handelt es sich vielleicht um Graf Lambert II. (gest. 14. September 1227). Graf Lambert II. war zweimal verheiratet, in erster Ehe mit einer Gräfin von Orlamünde, in zweiter Ehe mit der Gräfin Sophia von Kefernburg (gest. 1244). Dies würde die Anwesenheit von zwei Gattinnen auf dem Grabmal erklären.

Von kunsthistorischer Bedeutung ist ferner das **Reliefepitaph** für den 1432 verstorbenen Erfurter Patrizier und erzbischöflichen Vitztum **Johann von Allenblumen** (14). Dieser hatte 1429 noch zu Lebzeiten den Auftrag für das Grabdenkmal erteilt. Die Platte ist in zwei Felder geteilt. Unten kniet das Stifterpaar, oben ist die Anbetung durch die Heiligen Drei Könige dargestellt. Es handelt sich bei diesem im sog. Weichen Stil geschaffenen Werk um eine bedeutende Arbeit des Monogrammisten „*TR*“,

Relief von der Grabtumba eines Grafen von Gleichen, 3. Viertel 13. Jh.

Reliefepitaph für den Erfurter Patrizier Johann von Allenblumen (gest. 1432), 1429 entstanden

Sandstein-epitaph der Familie von der Weser im südlichen Seitenschiff, 1576 **(s. S. 48)**

einem Schüler des Erfurter Meisters, der mit dem Buchstaben „*i*" signierte.

Ein bedeutendes Werk stellt gleichfalls die **Gedenkplatte** für den Gelehrten, Erfurter Domscholaster und Wittenberger Stiftspropst **Henning Göde** (gest. 1521) dar (15). Die Tafel, ein beachtliches Werk der deutschen Frührenaissance, wurde in Bronze gegossen und wird Hans Vischer in Nürnberg zugeschrieben. Über dem Inschriftfeld befindet sich ein Relief mit der Krönung Mariens. Zu Füßen Christi kniet der Verstorbene.

Das Schriftband über seinem Wappen weist auf die Verehrung der Gottesmutter durch den Verstorbenen hin *„Ave Regina Coeli“*. Johannes der Evangelist steht hinter Henning Göde und legt schützend als Fürbitter die Hand auf seine Schulter. Das Gegenstück zu der Gedenkplatte befindet sich in der Schlosskirche zu Wittenberg, wo Henning Göde begraben liegt.

Bronze-Epitaph für den Erfurter Domscholaster und Wittenberger Stiftspropst Henning Göde (gest. 1521), Hans Vischer aus Nürnberg zugeschrieben

Ein Werk der späten Renaissance ist das **Sandsteinepitaph der Familie von der Weser** (16) aus dem Jahre 1576, ebenfalls im südlichen Seitenschiff (Abb. S. 47). Das Epitaph besteht aus einem mehrzonigen gestaffelten Aufbau. In der Nische am Fuß steht der Apostel Andreas. Auf der Konsole des Oberteils befindet sich eine Inschriftenkartusche; die Predella zeigt die Stifterfamilie. Die Ölbergszene in der Mitte wurde nach einem Kupferstich von Albrecht Dürer aus dem Jahre 1508 gearbeitet. Im Auszug ist in einer Reliefdarstellung die Auferstehung, im Volutengiebel die Himmelfahrt Christi gezeigt, darüber Christus als Weltenrichter in der Mandorla. Das Epitaph ist das Werk eines in Erfurt sonst nicht nachgewiesenen Monogrammisten *„EG“* (Enders Guntschell oder Gütschel).

An der Westwand des Langhauses befindet sich der **Grabstein des Dompropstes Konrad von Breyttenbach** (gest. 1579), geschaffen von dem Bildhauer Hans Fridemanns d.Ä. und dem Gießer Melchior Moeringk, beide aus Erfurt (17). Dieser Grabstein zeigt die für Erfurter Grabplatten des späten Mittelalters typische Kombination von Sandstein mit Bronzeappliquen. Der Verstorbene wurde vielfach ganzfigurig in Form eines flachen Bronzereliefs dargestellt und von einem gegossenen Inschriftband mit Eckverzierungen gerahmt. Gelegentlich wurden auch nur Kopf, Kelch und Wappen aus Bronze gefertigt.

Im Westjoch des nördlichen Seitenschiffes wurden der **Taufstein**

Gottvater in den Wolken, geschnitzte Darstellung im Gewölbe als Bekrönung der Spitze des Taufgehäuses

Taufgehäuse von Hieronymus Preußer aus den Jahren 1585-1587, Taufstein von dem Erfurter Bildhauer Hans Fridemanns d.Ä., 1587

und sein bis in den Gewölbescheitel reichendes **Taufgehäuse** aufgestellt (18). Das Gehäuse besteht aus einem sechseckigen Sockel und sechs darüber gestellten Säulen, die ein Gebälk mit Baldachin tragen. Auf dem Gebälk über dem Eingang thront Christus als Weltenrichter auf dem Regenbogen und der Weltkugel. Seitlich befinden sich Rundbogenreliefs mit Brustbildern der Heiligen Martin und Bonifatius sowie der Märtyrer Adolar und Eoban. Kleine Obelisken mit Roll- und Beschlagwerkornamentik bekrönen das Gebälk. In der Mitte überragt ein riesiger Obelisk das Gehäuse, dessen Spitze bis zum Schlussstein des Langhausgewölbes reicht. Dort ist die geschnitzte Darstellung Gottvaters in den Wolken zu sehen. Das Gehäuse fertigte Hieronymus Preußer, der nur mit diesem Werk bekannt geworden ist. Das Taufbecken aus Sandstein schuf Hans Fridemanns d.Ä. Es ist mit dem Jahr 1587 datiert und wurde von Dompropst Konrad von Breyttenbach gestiftet.

Neben dem Seitenportal an der nördlichen Langhauswand fand ein Vesperbild Aufstellung. Die aus Lindenholz geschnitzte **Pietà** (19) entstand um 1360-1370, unmittelbar nach dem Vorbild der Pietà im Erfurter Ursulinenkloster. Ebenfalls aus Lindenholz ist eine hier aufgestellte Skulptur des **hl. Laurentius** (20) aus der Zeit um 1470.

Christus als Weltenrichter auf dem Regenbogen thronend, Schnitzfigur auf dem Gebälk des Taufgehäuses von Hieronymus Preußer, 1585-1587

Spätgotische Schnitzfigur des hl. Laurentius, um 1470

Pietà, Schnitzfigur um 1360/70

Geburt Christi, Relief von einem spätgotischen Schnitzaltar, um 1470

Anbetung durch die Hl. Drei Könige, Relief von einem spätgotischen Schnitzaltar, um 1470

Ausgießung des Heiligen Geistes (Pfingsten), Relief von einem spätgotischen Schnitzaltar, um 1470

An der Nordwand im nordöstlichen Seitenschiffsjoch wurden **drei Schnitzreliefs mit Szenen aus dem Marienleben** (21) angebracht, die ursprünglich wohl zu einem Marienaltar gehörten, der um 1470 entstanden sein mag. Die Reliefs mit der Geburt Christi, der Anbetung durch die Heiligen Drei Könige und der Ausgießung des Heiligen Geistes wurden in einer Erfurter Werkstatt gefertigt. Unter dem eingewölbten Ziborium im gleichen Joch wurde der um 1730 geschaffene Barockaltar aus der Clemenskapelle aufgestellt. Das Altargemälde wurde nachträglich eingefügt und zeigt die **mystische Verlobung der heiligen Katharina von Alexandrien** (22). Es handelt sich hierbei um ein Werk Lucas Cranachs d.Ä., das vermutlich zwischen 1520 und 1530 geschaffen wurde (Abb. S. 52). Vor einem von Putten aufgespannten grünen Tuch präsentiert die Gottesmutter den Jesusknaben. Katharina, u.a. auch Schutzpatronin der Universitäten, erlitt unter Kaiser Maxentius das Martyrium durch das Schwert, das sie als Attribut in der Hand hält. Die zweite weibliche Heilige ist ohne Attribut und damit nicht sicher zu identifizieren. Es könnte sich um die heilige Maria Magdalena oder die heilige Barbara handeln.

Unter den überwölbten Altarziborien an der Ostwand des

stische
rlobung
r hl.
tharina
t dem
susknaben
n Lucas
nach
., Altar-
mälde aus
r Zeit um
25
S. 51)

nördlichen Querhauses wurden eine Relieftafel und ein Altartriptychon aufgestellt. Die Relieftafel zeigt eine **vielfigurige Beweinung Christi** (23), aus Lindenholz geschnitzt. Vor der knienden Maria liegt der Leichnam Christi, von Johannes dem Evangelisten unter den Armen gestützt. Zu seinen Füßen kniet Nikodemus. Hinter der Hauptgruppe stehen zwölf klagende Männer und Frauen, unter ihnen Maria Magdalena mit Salbgefäß und modischer Haartracht sowie Veronika mit dem Schweißtuch. Das Andachtsbild wird in den Zeitraum zwischen 1470 und 1480 datiert. Es stammt vom Meister des Vesperbildes der Severikirche. **Das Altartriptychon** (24) wurde in Tempera auf Fichtenholz gemalt. Auf dem Mittelbild ist eine allegorische Darstellung der Einhornjagd verbildlicht. Das legendäre Einhorn galt nach antiker Vorstellung als scheu und

Relief mit der Beweinung Christi von einem gotischen Schnitzaltar, um 1480-90

Spätgotisches Altartriptychon, um 1420
Das Mittelbild zeigt die Darstellung der mystischen Einhornjagd.

stark und konnte nur von einer Jungfrau gefangen werden, indem es seinen Kopf in deren Schoß legte. Im übertragenen Sinne steht die Einhornjagd für die Menschwerdung Christi durch die Jungfrau Maria. Der Bildtypus der sakralen Einhornjagd war im 15. und 16. Jh. sehr verbreitet. Auf dem Erfurter Tafelgemälde, das um 1420 entstand, sitzt Maria im verschlossenen Garten, einem Symbol ihrer Jungfräulichkeit. Der Verkündigungsengel Gabriel tritt als Jäger auf, und seine Hunde tragen die Namen der christlichen Tugenden *„fides"* und *„spes"* (Glaube und Hoffnung) sowie *„caritas"* (Liebe). Die der Jagd beiwohnenden Heiligen sind: Scholastika, Mauritius, Ursula, Barbara, Katharina, Dorothea, Margareta, Georg, Klara und eine unbekannte Heilige mit Hammer als Attribut. Links unten befindet sich der heilige Augustinus mit Stifterinnen; rechts das Stifterehepaar vor der verschlossenen Tür, einem weiteren Symbol für die Jungfräulichkeit Mariens. Aus den Wolken entsendet Gottvater den Jesusknaben. Dadurch wird die Bedeutung der mystischen Einhornjagd offenkundig. Die Flügel des Altartriptychons sind unterschiedlich gestaltet. Am linken Flügel ist ein vielfiguriger Kalvarienberg dargestellt, während der rechte Flügel in zwei Bildfelder unterteilt ist. Gezeigt sind oben die Auferstehung Christi mit den drei

Figurengruppe Anna Selbdritt, 1475

Figur der Bistumspatronin Elisabeth von Thüringen, um 1490

Marien am Grabe, unten der Abstieg Christi in das Totenreich. Stifter dieses Altares war die Familie Allenblumen. An der Südseite der Altarziborien ist eine **Anna Selbdritt-Gruppe** (25) zu sehen, die 1475 entstand. Kurze Zeit später, um 1490, wurde die Figur der **hl. Elisabeth von Thüringen** (26) an der Nordwand des Chorhalses geschaffen. Die 1235 heilig gesprochene thüringische Landgräfin ist die Patronin des Bistums Erfurt.

An den östlichen Flanken der acht schlanken **Langhauspfeiler** befinden sich **Tafelgemälde**, deren Malgrund, bestehend aus einer Fichtenholzplatte, dem Anbringungsort entsprechend gebogen wurde. Am südöstlichen Langhauspfeiler hängt ein Gemälde mit einer Darstellung der **Hostienmühle** (27). Auf diesem auf 1534 datierten Gemälde wird der heilsgeschichtliche Zusammenhang in besonders anschaulicher Form verbildlicht (Abb. S. 56). In der Mitte befindet sich die Hostienmühle, in die von den Evangelistensymbolen Schriftbänder mit den Einsetzungsworten des Abendmahls geworfen werden. Das Schriftband, das aus dem Trichter der Mühle kommt, verwandelt sich im Kelch in das Christkind - Gottes Fleisch und Blut. Die vier Kirchenväter halten den Kelch. In der oberen linken Ecke ist der Verkündigungsengel dargestellt, rechts Maria. Auf beiden Seiten stehen ferner die Apostel. Auch der Stifter wurde in der linken unteren Ecke verewigt. Auf dem Gemälde am gegenüberliegenden Pfeiler ist der **Stammbaum Mariens** (28) gezeigt. Laut Inschrift handelt es sich um eine Stiftung des Andreas Tuchheffter aus dem Jahre 1513. Signiert ist das Tafelbild „*Petrus Mogutin fec. 1513*“ (Peter von Mainz). Jesse, am Boden liegend, ist Ausgangspunkt des Stammbaumes der Gottesmutter. Der Stamm teilt sich in zwei starke Äste, aus deren goldenen Blattkelchen halbfigurige Darstellungen der Könige Israels hervorgehen. Sie sind auf Spruchbändern inschriftlich benannt: *„Salomo, Jonam, Abias, Robeam, Josaphat“* und *„Asa“* (links), *„David, Manassen, Osias, Joatan, Achas“* und *„Eszechias“* (rechts). Die beiden Stämme teilen die untere Bildhälfte in drei Partien, die weiterhin durch architektonische Elemente voneinander getrennt sind. Drei Szenen aus dem Marienleben sind hier verbildlicht. Joachim wird vom Hohepriester wegen Kinderlosigkeit aus dem Tempel gewiesen (links), ein Engel verkündet Joachim die Geburt einer Tochter (rechts). In der Bildmitte ist die Begegnung von Joachim und Anna an der Goldenen Pforte gezeigt. Wie bei

Hostienmühle, Tafelbild am südöstlichen Langhauspfeiler, 1534 (s. S. 55)

Jesse entspringen auch aus den Leibern von Joachim und Anna Äste, die eng zusammengewunden einen großen goldenen Blattkelch tragen. Aus diesem geht - die Mitte des oberen Bildfeldes einnehmend - in halbfiguriger Darstellung Maria hervor. Von einem Strahlenkranz umgeben, wird sie vom Dreieinigen Gott, dem Vater, dem Sohn und dem Heiligen Geist, als Himmelskönigin bestätigt. Engelschöre hinter den Thronen von Gottvater und Christus stimmen den Jubelgesang an. Insgesamt vereinigt diese Tafel formal und inhaltlich drei Bildthemen zu einer komplexen Einheit: Die Wurzel Jesse, Anna und Joachim und Maria als Himmelskönigin. Am nörd-

Anbetung durch die Hl. Drei Könige, Tafelbild am nördlichen Langhauspfeiler des zweiten Joches, 1522 **(s. S. 58)**

lichen Langhauspfeiler des dritten Joches befindet sich ein **Tafelbild mit der Messe des heiligen Gregor** (29). Das in das Jahr 1506 datierte Gemälde stammt möglicherweise aus der Werkstatt des Peter von Mainz. Der Legende nach soll Papst Gregor dem Großen während der heiligen Messe der leidende Heiland erschienen sein. Diese „Gregorsmesse" wird in der bildenden Kunst szenisch als eine im vollen Prunk der Liturgie gehaltene Papstmesse wiedergegeben. Am südlichen Langhauspfeiler des dritten Joches befindet sich das **Tafelbild mit der Himmelfahrt und Krönung Mariens** (30). Bei den Stiftern ist unten rechts das Wappen des Kanonikus Henning Göde (gest. 1521) mit geteiltem Stern und Rose verzeichnet. Bei den Darstellungen handelt es sich um freie Kopien nach dem Dürerschen Holzschnitt des Marienlebens von 1510. Das Gemälde wird neuerdings dem Meister der Crispinuslegende zugeschrieben und entstand zwischen 1525 und 1530. Eine **vielfigurige Kreuzigungsszene** (31) von der Hand des Meisters Peter von Mainz hängt am südlichen Langhauspfeiler des zweiten Joches (1520). Das Gemälde am nördlichen Langhauspfeiler des zweiten Joches zeigt die **Anbetung durch die Heiligen Drei Könige** (32). Auf dem oberen Rand des Rahmens ist es in das Jahr 1522 datiert und gilt gleichfalls als Werk des Meisters Peter von Mainz. Am südwestlichen Langhauspfeiler hängt ein Tafelbild mit der **Predigt Johannes des Täufers** (33). Das Gemälde ist signiert vom Meister „*N.S.*" und datiert 1522. Am gegenüberliegenden Pfeiler befindet sich eine Darstellung des **Gnadenstuhles** (34). Dieses Gemälde unterscheidet sich im Kolorit gänzlich von den übrigen Gemälden. Es entstand zwischen 1530 und 1540 und wurde laut Inschrift von Theodoricus Buhmeiger gestiftet.

Über der nördlichen Terrasse vor dem Chor befindet sich der Zugang zur großen **Glocke, der Gloriosa**. Die zwei Meter hohe tulpenförmige Glocke mit einem unteren Durchmesser von über zweieinhalb Metern wurde in der Nacht vom 7. zum 8. Juli 1497 auf dem Severihof von Meister Gherardus de Wou gegossen. An den sechs Bügeln der Krone ist sie mit Christusköpfen geschmückt, am Glockenhals mit einem Fries heraldischer Lilien und an der Flanke mit zwei Reliefs, die jeweils eine Strahlenkranzmadonna auf der Mondsichel zeigen.

So genannte „Gloriosa“, Glocke aus dem Jahre 1497, gegossen von Gherardus de Wou

Krypta

(zugänglich nur während der Werktags-Gottesdienste)

Die Krypta besteht aus einem von gedrungenen Pfeilern in zwei Schiffe geteilten Raum zu zweieinhalb Jochen mit polygonalem Schluss im Osten. Während der Hauptraum mit Kreuzrippengewölben versehen ist, wurde im Polygon ein dreistrahliges Springgewölbe eingesetzt. Diese Gewölbekonfiguration fand von der Prager Dombauhütte ausgehend Verbreitung. In der um 1353 geweihten Krypta der St. Marienkirche handelt es sich um eine sehr frühe Übernahme dieser Formen. In der Mittelachse des Raumes fand die Grabtumba mit den Reliquien der Heiligen Adolar und Eoban Aufstellung. Auf den Seitenteilen der Sandsteintumba wechseln sich flache Figurennischen mit Rahmen aus aufgeblendeten krabbenbesetzten Kielbogenarkaden und Fialen ab. In die Arkaden sind Statuetten eingestellt, die zum Teil aus dem 14. Jh. stammen, zum Teil im 16. Jh. ersetzt wurden. Im Jahre 1890 wurde die Grabtumba mit einer eisernen Deckplatte versehen.

Krypta des Mariendoms mit der Grabtumba der beiden Märtyrer Adolar und Eoban (zugänglich nur während der Werktags-Gottesdienste)

Würdigung

Die Bau- und Ausstattungsgeschichte der ehem. Kollegiatstiftskirche, heute katholische Domkirche Beatae Mariae Virginis zu Erfurt, ist gleichsam ein Spiegel der Geschichte der Stadt Erfurt als geistigem und kulturellem Zentrum Thüringens. Über einen langen Zeitraum hinweg war die Stiftskirche St. Marien Stadtpfarrkirche einer aufstrebenden Handelsstadt, deren Selbstbewusstsein nicht zuletzt auch den Bau und die Ausstattung des Domes prägten.
Auf ein offenbar bedeutendes, karolingisches Bauwerk folgte der großzügig errichtete und kostbar ausgestattete romanische Dombau, von dessen Qualität noch heute bauliche Reste und Denkmale zeugen. Einen Höhepunkt hochgotischer Baukunst in Deutschland stellt der Hohe Chor des Erfurter Domes dar, wobei die architekturtechnische Leistung, die mit Planung und Erbauung der Substruktionen verbunden war, nicht minder hoch einzuschätzen ist. Erfurter Werkstätten gestalteten die einzigartige Portallösung des Triangels, wobei sie sich zwar mit dem Skulpturenprogramm an zeitgenössischen Vorbildern orientierten, aber dennoch unverwechselbare Werke schufen. Ein besonderer Schatz ist der fast vollständig erhaltene Zyklus mittelalterlicher Glasmalereien im Chor.
Das spätgotische Langhaus steht in seiner qualitätvollen Architektur dem Hohen Chor nicht nach. Es birgt bedeutende Werke der sakralen Kunst, die von der Blüte des Kollegiatstifts am Vorabend der Reformation zeugen. Trotz aller Unbilden der Geschichte - der Plünderung, der Profanisierung und der Säkularisation - ist ein bedeutender Denkmälerbestand auf uns gekommen. Diesen für die Nachwelt zu erhalten und durch den Gebrauch mit Sinn zu erfüllen, ist die Verpflichtung, die der Pfarrgemeinde und den Bürgern der Stadt auferlegt ist.

Grundriss
Dom St. Marien zu Erfurt

(Die Ziffern finden sich bei den einzelnen Objekten im Text wieder)

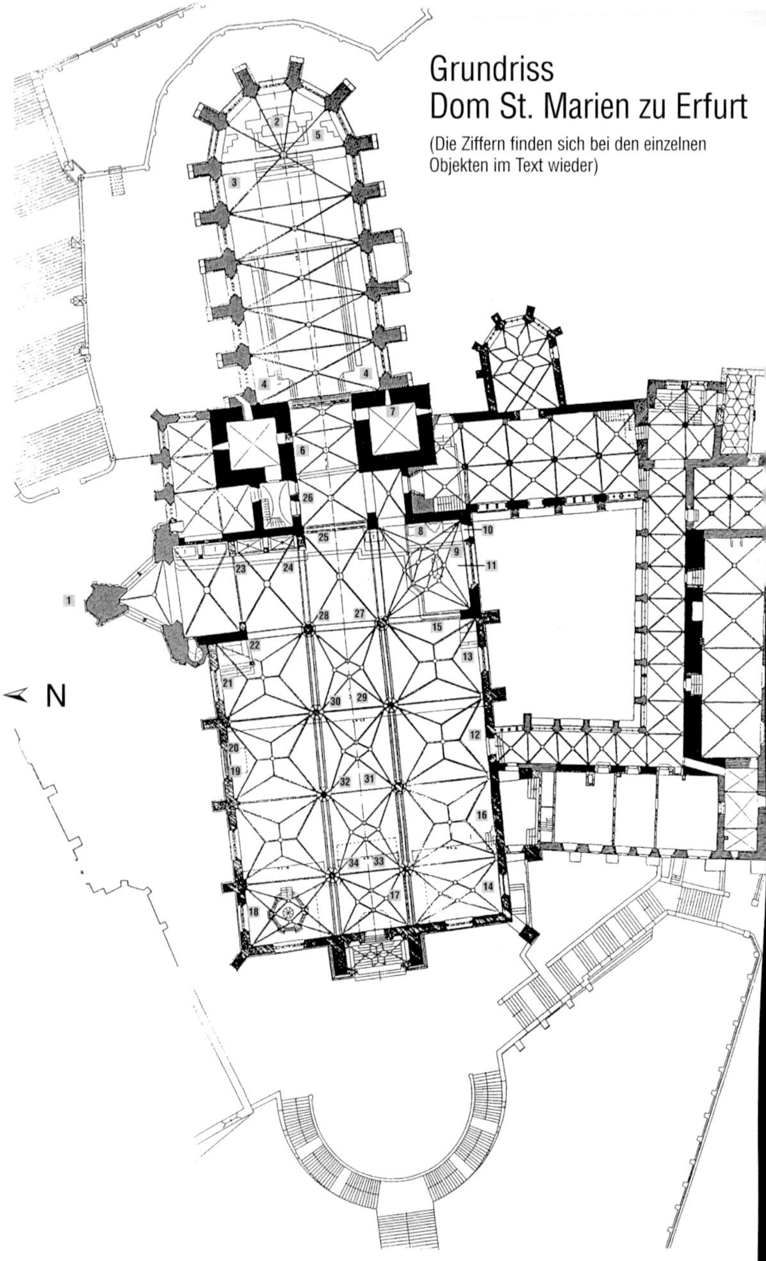

Literatur (in Auswahl):
Becker, Karl, Schürenberg, Lisa u.a., Die Kunstdenkmale der Provinz Sachsen, Band 1, Die Stadt Erfurt: Dom, Severikirche, Burg 1929. / Drachenberg, Erhard, Die mittelalterliche Glasmalerei im Erfurter Dom (= Corpus Vitrearum Medii Aevi, DDR Bd 1, Teil 2, Wien/Köln/Graz 1980. / Lehmann, Edgar, Schubert, Ernst, Dom und Severikirche zu Erfurt, Leipzig 1988. / Meyer, Hans Gerhard, Der Erfurter Wolfram und die Magdeburger Wettinwerkstatt, in: Der Braunschweiger Burglöwe, Göttingen 1985. / Schmidt, Aloys, Zur Gründung des Marienstifts in Erfurt, seine Ausstattung aus der Schenkung Herzog Hedens an St. Willibrord, in: Archiv für mittelrheinische Kirchengeschichte 17. Jg. 1965, S. 255 ff. / Schoder, Hans, Denkmalpflege am Erfurter Dom, in: Inst. f. Denkmalpflege Berlin (Hg.), Denkmale in Thüringen, Weimar 1973. / Weiß, Ulman (Hg.), Erfurt 742-1992. Stadtgeschichte, Universitätsgeschichte, Weimar 1992.

Im Kunstverlag Peda sind zum Erfurter Domberg außerdem erschienen:

Die Orgeln des Domes St. Marien und der St. Severikirche zu Erfurt (enthält verschiedene Beiträge zu Geschichte und Disposition der Orgeln in beiden Kirchen: 40 Seiten, 12x17 cm, 5,- DM, ISBN 3-89643-045-9)

Heilige Elisabeth von Thüringen (Lebensbeschreibung der Erfurter Bistumspatronin: 36 Seiten, 12x19 cm, 7,- DM, ISBN 3-89643-132-3)

Beide Publikationen liegen in der St. Severikirche und in der Domküsterei aus oder sind über das Dompfarramt Erfurt, Tel. 0361/6572404, Fax 0361/6572402, zu beziehen.

Titelseite: Ansicht des Domes St. Marien zu Erfurt, Blick auf Chor, Treppe und Triangel (Portalvorbau)
Rückseite: Romanische Leuchterfigur aus Bronze, der so genannte Wolfram, um 1160
S. 32: Blick durch das spätgotische Hallenlanghaus nach Nordosten
S. 33: Blick in den nördlichen Querschiffarm nach Nordosten

Herausgeber: Dompfarramt St. Marien, 99084 Erfurt, Tel. 0361/6572404

ISBN 3-89643-138-2
PEDA-KUNSTFÜHRER Nr. 480 / 2000

Diese Serie wird laufend ergänzt und kann über den Buchhandel bezogen werden.

International präsent: Belgien, Deutschland, Frankreich, Italien, Luxemburg, Österreich, Schweiz, Tschechien, Türkei, Ungarn

KUNSTVERLAG PEDA
Tittlinger Str. 19 · 94034 Passau
Tel. (0851) 951686-0 · Fax (0851) 73629
E-Mail info@kunstverlag-peda.de
http://www.kunstverlag-peda.de